AF257765

SPOLIATION DES INDIGÈNES

DE

LA NOUVELLE-CALÉDONIE

MÉMOIRE

DU

COMITÉ DE PROTECTION ET DE DÉFENSE DES INDIGÈNES

Prix : **25** centimes

PARIS

1901

SPOLIATION DES INDIGÈNES

DE

LA NOUVELLE-CALÉDONIE

IMPRIMERIE
CONTANT-LAGUERRE
BAR-LE-DUC

SPOLIATION DES INDIGÈNES

DE

LA NOUVELLE-CALÉDONIE

~~~~~~~~

MÉMOIRE

DU

COMITÉ DE PROTECTION ET DE DÉFENSE DES INDIGÈNES

PARIS

—

1901
~~~~~~~~

SPOLIATION DES INDIGÈNES
DE LA NOUVELLE-CALÉDONIE

On a lu, dans *Le Temps* du 12 mai 1901 et dans tous les journaux vers la même date, les nouvelles suivantes :

Troubles en Nouvelle-Calédonie. — Les journaux arrivés par le courrier de Nouméa nous apportent le récit de troubles qui ont eu lieu, vers la fin mars, en Nouvelle-Calédonie. Ces nouvelles se trouvent, en partie, confirmées par les renseignements que vient de faire parvenir au ministre des Colonies, le gouverneur de la Nouvelle-Calédonie, M. Feillet, qui est rentré à Nouméa, le 2 mai. Deux tribus, l'une catholique, celle de Touho, l'autre païenne, celle des Poyes, ayant refusé de payer l'impôt de capitation, l'autorité envoya dans ces deux tribus, un détachement de troupes.

Le chef des Poyes, nommé Aman, parlementa d'abord avec le capitaine Boërie, chef du détachement; il promit de payer l'impôt de capitation et s'engagea à faire remettre, dans les quarante-huit heures, tous les fusils possédés par ses guerriers. Mais, au lieu de tenir sa promesse, il abandonnait son village et se retirait avec sa tribu dans une forêt presque impénétrable. Nos soldats brûlèrent les cases du village abandonné, saccagèrent les récoltes et se mirent à la poursuite des Poyes. Dans un premier engagement, le soldat Dahin fut tué; mais il fut impossible à nos hommes de pouvoir poursuivre plus loin les révoltés à l'abri dans leur forêt.

M. Feillet déclare, dans son télégramme d'hier, qu'il s'agit, en la circonstance, d'un fait absolument isolé, que toutes les autres tribus sont calmes et qu'avant d'engager une poursuite sans merci contre les Poyes, il se propose de tenter tous les moyens de conciliation.

Brûler un village abandonné par des désespérés qui ne peuvent payer l'impôt, et déclarer ensuite qu'on se propose avant d'engager une poursuite

sans merci, de tenter tous les moyens de conciliation, est un de ces traits admirables, où se révèle
naïvement l'étonnante inconscience de certaines
administrations coloniales.

La suite de l'incident est digne en tous points
du début. La voici :

Au reçu de ces nouvelles officielles, le président
du *Comité de protection et de défense des Indigènes*
fait immédiatement passer dans les journaux une
note où il rappelle les démarches répétées du
Comité auprès du ministre pour appeler son attention sur les effroyables spoliations dont les Canaques
sont victimes depuis des années, pour le conjurer
de ne pas autoriser cet impôt nouveau de capitation,
qui écrasera une population déjà pourchassée et
spoliée, pour lui rappeler les terribles insurrections
qui ont jadis éclaté en Nouvelle-Calédonie, insurrections causées par des agissements analogues.

Les journaux ne se contentent pas de reproduire
la note du président du Comité : plusieurs la com-
mentent et y ajoutent de très fortes et très solides
considérations (*Le Temps* et *L'Aurore* du 17 mai;
Le Rappel et *Le Siècle* du 18 mai; *La Petite Répu-
blique* du 19 et du 22 mai; *Le Signal* des 19-20
mai; *L'Autorité* du 23 mai). Évidemment, de Paris
le ministère demande des nouvelles et prêche l'a-
paisement. Il va être servi à souhait. *Le Temps* du
1er juin reproduit en ces termes une dépêche du
gouverneur de la Nouvelle-Calédonie :

Le gouverneur de la Nouvelle-Calédonie vient de faire con-
naître au ministre des colonies qu'il a obtenu la soumission
du chef Amane (*sic*) après avoir séjourné quelques jours dans
la tribu des Poyes. Revenu avec lui à Hyenghène, le gouver-

neur y a réuni les colons et les chefs de la région, ainsi que la plupart des chefs canaques de la colonie. Une palabre a démontré que les troubles survenus chez les Poyes étaient dus uniquement à des querelles de tribus, sans qu'il soit possible de leur assigner d'autres causes (1).

Ainsi deux tribus ont « refusé » de payer l'impôt de capitation (traduisez : ont déclaré être dans l'impossibilité de payer). Telles sont les nouvelles officielles du 12 mai. Mais voici que le Comité rappelle ses protestations antérieures contre l'impôt de capitation; dès lors, les nouvelles officielles se transforment : « Les troubles sont dus uniquement à « des querelles de tribus (2), sans qu'il soit possible « de leur assigner d'autre cause ». Telle est la version du 1er juin. Pareilles contradictions, émanant de la même source, l'administration coloniale, font sentir, mieux que tous les commentaires, l'immense erreur du ministère, lorsqu'il néglige

(1) La dépêche que publie *Le Temps*, se termine ainsi :

« Après avoir entendu contradictoirement un grand nombre de témoi-
« gnages, M. Feillet a prononcé une sentence arbitrale dont les clauses
« principales sont : paix assurée entre les indigènes ennemis et amnistie
« pleine et entière pour tous faits de guerre et faits connexes, sauf en
« ce qui concerne deux Canaques : l'un de Tiwaka, qui avait suscité et
« favorisé le vol d'un fusil de troupe, restitué depuis ; l'autre de la tribu
« des Poyes, qui a tué le soldat Dabin (*sic*, Dahin dans *Le Temps* du
« 12 mai). Ces indigènes seront ramenés à Nouméa et punis ».

« Les chefs des tribus désignés par la sentence devront faire exécuter
« aux frais de la colonie, et, moyennant le prix du tarif en usage, des
« sentiers muletiers dont le programme sera fixé par le service technique
« et approuvé par le Conseil de défense ».

« Ainsi se trouve réglée pacifiquement, grâce à la patience et à l'esprit
« de conciliation des autorités locales, une situation qui n'avait pas man-
« qué de causer quelques préoccupations ».

(2) Querelles de tribus. Certes ! Il doit y avoir des querelles de ce genre. Comment en serait-il autrement après les effroyables refoulements ordonnés par arrêtés dans le cours des années 1899 et 1900, sans parler de ces misérables indemnités, remises la plupart du temps, non directement aux intéressés, mais aux chefs ? Tout en proposant une explication évidemment fausse, le rédacteur de cette dépêche met en relief un fait qui doit être réel et dont la responsabilité nous incombe.

les renseignements sûrs et désintéressés qui lui sont fournis pour s'en tenir aux assertions d'administrations locales, condamnées à défendre les fautes qu'elles ont commises et, par suite, à nier l'évidence et à se donner à elles-mêmes les plus grossiers démentis.

Non seulement la tribu des Poyes est, comme tant d'autres tribus, écrasée par l'impôt de capitation qu'elle ne peut payer, mais, comme tant d'autres aussi, elle a été cruellement spoliée : par arrêté du 26 janvier 1900, on lui a enlevé 500 hectares et on lui a alloué à titre d'indemnité cinquante centimes par hectare; on lui a donné six mois pour le transfert de ses installations. Voilà la vérité, la vérité indéniable [1].

Depuis des années, le *Comité de protection et de défense des Indigènes* n'a cessé d'appeler l'attention du ministre des colonies sur la Nouvelle-Calédonie.

La situation faite aux indigènes de cette grande île est peut-être la plus cruelle qui puisse être signalée dans nos possessions coloniales.

En pleine paix et cinquante ans après la prise de possession, les propriétés des indigènes et leur liberté personnelle y sont entièrement livrées au bon plaisir et à l'arbitraire de l'Administration.

Le point de départ de ce régime odieux n'est autre qu'une déclaration du 20 janvier 1855, suivie d'une décision du gouverneur du 10 avril 1855, déclaration et décision monstrueuses en droit. Ses assises immédiates et directes sont les

______

(1) *Bulletin officiel de la Nouvelle-Calédonie*, 1900, pp. 158, 159. Cf. ci-après *Documents*, p. 25, n° 45, et pour Touho, ci-après, p. 20, n° 15.

décrets sur l'indigénat en Nouvelle-Calédonie du 18 juillet 1887 et du 12 mars 1897, l'arrêté local du 23 novembre 1897, approuvé par dépêche ministérielle du 29 janvier 1898.

C'est par application de ces actes officiels que nos malheureux sujets, ces Français de la Nouvelle-Calédonie, car s'ils ne sont pas citoyens, ils sont, du moins, officiellement et légalement Français, sont soumis à une spoliation continue [1] et systématique, qui a pris, dans les dernières années, des proportions gigantesques. Et cela, au moment où on pouvait disposer en faveur des colons des terrains de l'administration pénitentiaire, sans léser aucun intérêt.

Cette année même (1901), on décuple le mal par la création d'un impôt de capitation, qui pèse sur les seuls Canaques.

Que se passe-t-il donc ?

D'une part, on enlève aux indigènes non seulement des terres considérées comme inoccupées, alors que, fort souvent, ce sont tout simplement des terrains laissés pour quelques années en jachère, mais aussi des terres plantées et cultivées et jusqu'aux installations, habitations et villages. Il faut savoir qu'en Nouvelle-Calédonie une terre cultivée et plantée est la plupart du temps le produit d'un très long et très dur travail de l'indigène, qui a transformé un sol pauvre en une bonne terre en accumu-

---

(1) Sur les spoliations anciennes qui ont amené la grande insurrection de 1878 il faut lire notamment : une lettre de M. Moncelon, délégué de la Nouvelle-Calédonie au Conseil supérieur des colonies ; un excellent résumé publié dans *Exposition coloniale de 1889, Les colonies françaises. Notices publiées par ordre du sous-secrétaire d'État, IV, Colonies et protectorats de l'Océan pacifique*, Paris, 1889, p. 113.

lant l'*humus* recueilli à distance et porté sur l'emplacement qu'il a choisi : c'est ce sol de culture, créé péniblement par le Canaque, qu'on lui enlève d'un trait de plume sans indemnité ou contre une indemnité dérisoire qui varie de 0 fr. 25 cent. à 4 francs l'hectare. On s'appuie sur cette fiction monstrueuse que l'indigène n'est pas propriétaire : quand l'État français le spolie, il *reprend* son bien, à lui l'État : ce sont les expressions mêmes de l'arrêté du 23 novembre 1897, art. 10 [1].

Au Congo, aucune concession de terrain n'est accordée à un colon sans que le décret n'exclue expressément de la concession les habitations et les cultures des indigènes [2]. Cette clause est en harmonie avec ce principe général : « Les terres va- « cantes et sans maître dans le Congo français font « partie du Domaine de l'État », mais non pas les terres occupées [3]. Rien de semblable en Nouvelle-Calédonie. Dans le prochain voisinage de cette île, les habitants des Loyalty sont eux-mêmes fort heureusement soustraits à l'affreux régime [4] qui sévit sur la Grande Terre.

D'autre part et simultanément, on soumet ces malheureux, spoliés et expulsés, à un impôt devenu enfin légal. On ne leur demande pas, comme dans d'autres pays, un dixième ou un sixième en sus de l'impôt antérieur. Non, c'est tout à coup une capi-

---

(1) Ci-après, p. 13. Même expression dans l'art. 3 de presque tous les arrêtés de spoliation du 26 janv. 1900 : voyez ci-après, p. 23.

(2) Ainsi que « les terrains de pâturages ou forestiers qui leur sont ré- « servés ». Cf. *Bulletin officiel du ministère des colonies*, 1899, pp. 1562, 1573.

(3) *Décret du 28 mars 1899 relatif au régime des terres domaniales au Congo français, ibid.*, pp. 367, 368.

(4) Cf. *Le Temps*, 4 déc. 1899.

tation de 10 francs par tête d'adulte qui est exigée. Il y a plus : cette capitation sera, en 1901, de 20 francs au lieu de 10 francs (20 francs perçus, ce semble, en deux termes), parce qu'on prétend faire payer en 1901 tout à la fois la capitation de 1900 [1] et celle de 1901. En 1897, un spécialiste dont l'opinion fait autorité, M. Dislère, conseiller d'État, ancien directeur des colonies, résumait en ces termes l'état des esprits et le mouvement de la législation en ce qui touche l'impôt de capitation : « L'impôt personnel, écrivait-il, a successivement été supprimé dans la plupart de nos établissements [2] ». Dans les colonies où cet impôt a été conservé, le taux de la capitation est généralement très faible : il était, en 1897, de 1 fr. 50 dans l'Afrique occidentale ; en Indo-Chine, il est de 0 fr. 60 plus 10 0/0 pour le mâle adulte non inscrit ; de 6 fr. 25 pour l'inscrit, c'est-à-dire pour l'adulte qui possède. On l'établit à 10 francs par tête en Nouvelle-Calédonie, en même temps qu'on organise une expropriation générale [3]!

---

(1) Le Conseil général avait prévu 15 francs pour 1900 : nous n'avons pas la certitude qu'il ait, pour ladite année 1900, perçue seulement en 1901, réduit la capitation à 10 francs. Un passage de l'Exposé des motifs du projet de budget pour l'exercice 1901 semblerait même contraire à l'hypothèse d'une réduction (*Nouvelle-Calédonie et dépendances, Procès-verbaux du conseil général, Session ordinaire de novembre 1900*, pp. 7, 8). Dans le doute, nous parlons seulement de 20 francs : si la réduction n'avait pas eu lieu, il faudrait dire 25 francs au lieu de 20 francs.

(2) Dislère, *Traité de législation coloniale*, 2ᵉ édit., Paris, 1897, t. 1ᵉʳ, p. 686.

(3) Cet impôt de capitation serait-il, pour des raisons toutes locales, avantageux en Nouvelle-Calédonie ? Non pas. L'expérience y a été faite dans des conditions bien remarquables : on l'avait établi en 1896, non sur les seuls Canaques, mais sur tous les habitants : la recette prévue était de 152.890 francs ; on n'a réussi à percevoir que 51.937 francs. Déficit : 100.952 francs. (*Nouvelle-Calédonie et dépendances, Direction de l'Intérieur, Compte définitif pour l'exercice 1896*, Nouméa, 1898, pp. 38,39).

Le Comité supplie tous les amis de l'humanité de l'aider à obtenir un peu de justice pour ces malheureux sujets français de la Nouvelle-Calédonie, dépouillés, rançonnés.

Les demandes que nous formulons au nom de l'humanité et de la justice, se réduisent à cinq chefs principaux :

1. — Abrogation du décret du 12 mars 1897 sur l'indigénat : c'est ce décret qui confère au gouverneur le droit d'interner sans jugement les indigènes ; et cela sans aucune limite à la durée de cet internement. Il faut savoir que, dans les colonies, l'internement est prononcé couramment sans que l'indigène ait été entendu par celui qui signe l'arrêté, sans même qu'un défenseur ait présenté des explications en son nom.

Abrogation du décret du 18 juillet 1887 et de l'arrêté du 23 novembre 1897 : c'est l'article 1er du décret de 1887 qui confère au gouverneur des droits sur la propriété des indigènes ; c'est l'arrêté de 1897 qui réglemente et organise l'expropriation des indigènes.

2. — Restitution immédiate aux indigènes des terres qui leur ont été enlevées depuis le 23 novembre 1897 [1]. Les colons à qui partie de ces terres

____

(1) Il n'y a pas à s'occuper de la restitution par les Canaques des misérables indemnités qui leur ont été parfois allouées : car, si on voulait faire des comptes rigoureux, l'administration devrait alors restituer elle-même aux Canaques les 100.400 francs qu'elle a levés sur eux indûment en percevant contre tout droit l'impôt de capitation en 1899 (*Nouvelle-Calédonie et dépendances, Procès-verbaux du Conseil général, Session ordinaire de novembre 1900*, p. 8). — La présente observation est ajoutée ici sur épreuves : elle ne fait pas partie du mémoire délibéré en séance par le Comité. Elle ne l'engage donc nullement : il reste entièrement libre de réclamer la restitution des sommes perçues indûment.

auraient été attribuées seront indemnisés soit en terres affectées antérieurement à l'administration pénitentiaire, soit en argent.

3. — Consolidation définitive de la propriété canaque. Il suffirait de suivre la procédure adoptée en 1887 pour la consolidation de la propriété indigène dans les Établissements français de l'Océanie (décret du 24 avril 1887) [1]; car la France qui dépouille les Canaques, reconnaît et consacre les propriétés des indigènes dans les Établissements français de l'Océanie.

4. — Abrogation du décret du 22 novembre 1900, qui autorise en Nouvelle-Calédonie un impôt de capitation annuel de 10 francs. Suppression, à tout le moins, atténuation immédiate de cet impôt, qui devrait, s'il était malheureusement maintenu, être réduit de plus des quatre cinquièmes. Si cet impôt est maintenu, perception en 1901 d'une seule taxe de capitation très réduite et non pas d'une double taxe; les Canaques ne sauraient, en effet, être responsables des lenteurs et des difficultés que l'Administration a éprouvées pour parvenir, en novembre 1900 seulement, à obtenir le décret qui a rendu non pas équitable, mais légal l'impôt de capitation sur les seuls indigènes en Nouvelle-Calédonie.

Suppression définitive de l'impôt de capitation, le jour où la propriété des indigènes ayant été assimilée à celle des blancs et entourée des mêmes garanties sera par là même soumise au même impôt foncier.

5. — Il est impossible de plaider la cause des

(1) *Bulletin officiel de l'administr. des colonies*, 1re année, 1887, pp. 581-587.

Canaques de la Grande Terre sans ajouter un mot en faveur des indigènes de la petite île des Pins, nos amis, nos alliés fidèles. Ces malheureux qui se sont offerts de nous aider contre les Canaques de la Grande Terre soulevés en 1878, sont aussi maltraités que les indigènes de la Nouvelle-Calédonie, et, de plus, la France, tout en reconnaissant qu'elle doit à l'ex-reine de cette île la misérable somme de 3.750 francs [1], n'acquitte pas sa dette! C'est ce qui résulte, sans aucune contestation possible, des pièces officielles publiées dans les procès-verbaux du Conseil général de la Nouvelle-Calédonie [2] et notamment d'une dépêche ministérielle du 13 décembre 1899, insérée au *Bulletin officiel* [3].

Le Comité demande que la France fasse honneur à ses engagements.

Nous publions ci-après en appendice sous le titre *Documents :* la plupart des actes officiels cités dans le présent exposé, quelques-unes des lettres adressées au ministre des colonies par le *Comité de protection et de défense des Indigènes*, un relevé, dressé d'après le *Bulletin officiel de la Nouvelle-Calédonie*, des arrêtés de spoliation pris de janvier 1899 à janvier 1900 inclus; une lettre d'un colon, qui expose l'affreuse situation faite aux indigènes.

(1) Une pension viagère de 1.500 francs a été allouée à l'ex-reine Hortense par décision ministérielle du 15 novembre 1879. Elle réclame une somme de 3.750 francs représentant ce qui lui reste dû sur cette pension du 7 mars 1891 au 1er janvier 1896.

(2) *Nouvelle-Calédonie et dépendances, Procès-verbaux du Conseil général, Session ordinaire de mai 1900,* pp. 57-60.

(3) *Bulletin officiel de la Nouvelle-Calédonie,* 1899, pp. 685, 686, n° 1161.

DOCUMENTS

I

Textes officiels formant la base du régime légal en Nouvelle-Calédonie.

1. *Déclaration du chef de division, gouverneur des Établissements français de l'Océanie, du 20 janvier 1855.*

Considérant qu'il est de principe que, lorsqu'une puissance maritime se rend souveraine d'une terre non encore occupée par une nation civilisée et possédée seulement par des tribus sauvages, cette prise de possession annule tous les contrats antérieurs faits par des particuliers avec les naturels de ce pays; qu'en conséquence les chefs et les indigènes de la Nouvelle-Calédonie et de ses dépendances n'ont jamais eu ni ne peuvent avoir le droit de disposer en tout ou partie du sol occupé par eux en commun ou comme propriété particulière..... en faveur d'individus qui ne font pas partie de leur tribu..., etc. [1].

2. *Décision du gouverneur du 10 avril 1855.*

Art. 1er. — Les terres appartenant au domaine seront vendues par adjudication..., etc.

Art. 3. — Un dixième des terrains ruraux destinés à être vendus sera mis en réserve pour les indigènes [2].

2. *Décrets du 18 juillet 1887 et du 12 mars 1897 sur l'indigénat en Nouvelle-Calédonie.*

Décret de 1887 : Art. 1er. — Un arrêté du gouverneur pris en Conseil privé fixe la délimitation du territoire de chaque tribu, sa dénomination, les devoirs et les attributions des chefs. Le chef de chaque tribu est agréé ou nommé par le

(1) *Bulletin officiel de la Nouvelle-Calédonie*, 1853-1858, Nouméa, 1871, p. 26.
(2) *Ibid.*, p. 61.

gouverneur sur la présentation du directeur de l'Intérieur [1].

Art. 2. — Le chef du service des affaires indigènes, les chefs d'arrondissement et le résidant des îles Loyalty et ses délégués continueront de statuer par voie disciplinaire sur les infractions commises par les indigènes non citoyens français contre les arrêtés du gouverneur, rendus en exécution du présent décret et de l'article 3 du décret du 6 mars 1877.

Art. 3. — Les arrêtés pris par le gouverneur en matière d'indigénat pourront être sanctionnés par des pénalités allant jusqu'à quinze jours de prison [2] et 100 francs d'amende au *maximum*.

Les dispositions de l'art. 3 du décret du 6 mars 1877, concernant la conversion en décret des arrêtés édictant des pénalités supérieures au tarif du livre IV du Code pénal, ne sont pas applicables à ces arrêtés.

Art. 4. — Les décisions en matière disciplinaire pourront être déférées au gouverneur en conseil privé.

Art. 5. — L'internement des indigènes non citoyens français et de ceux qui leur sont assimilés, ainsi que le séquestre de leurs biens, peuvent être ordonnés par le gouverneur en Conseil privé. Les arrêtés rendus à cet effet sont soumis à l'approbation du ministre de la Marine et des Colonies. Ils sont provisoirement exécutoires.

Les articles 2, 3, 4 et 5 du décret de 1887 n'avaient été édictés que pour une durée de dix années ; le décret de 1897 dit qu'ils continueront à être appliqués pendant une nouvelle période de dix années ; l'art. 1er n'étant pas temporaire, n'avait pas besoin d'être renouvelé [3].

(1) Cet art. 1er qui met les propriétés des Canaques à la disposition du gouverneur est spécial à la Nouvelle-Calédonie : les articles suivants sont en grande partie empruntés au décret relatif à l'indigénat en Cochinchine, du 25 mai 1881 (*Bulletin des lois*, 12e série, t. 56, p. 54).

(2) Cette limite concerne ce que le décret appelle la prison; mais aucune limite en ce qui concerne l'internement (art. 5), ni même nécessité de violation de quelque arrêté pour que l'internement puisse être ordonné.

(3) *Bulletin officiel de l'administration des colonies*, t. Ier, 1887, pp. 512, 513 ; t. XI, 1897, pp. 228, 229.

4. Arrêté du gouverneur du 23 novembre 1897. Procédure à suivre pour le cantonnement des indigènes (principaux articles).

ART. 1er. — Le service topographique dressera pour chaque tribu à cantonner ou dont le cantonnement déjà existant sera à réviser, un plan indiquant les surfaces à lui attribuer définitivement à titre de réserves.

ART. 5. — Une Commission nommée par le gouverneur et composée de l'administrateur de l'arrondissement dans lequel se trouve la tribu à cantonner, d'un habitant notable et d'un sous-officier de gendarmerie de la localité la plus voisine se rendra sur les lieux munie de tous les renseignements nécessaires pour indiquer aux indigènes la limite du territoire qui leur est assigné.

ART. 6. — Le chef de la tribu intéressée assistera aux opérations de la Commission, et son avis sera obligatoirement consigné au procès-verbal.

ART. 10. — Le montant de ces indemnités sera plus ou moins élevé selon que les terrains à reprendre pour les besoins de la colonisation seront effectivement occupés ou non.

Dans le second cas, l'indemnité très faible représentera uniquement le signe matériel du consentement de la tribu à la conclusion du contrat.

Dans le premier, occupation effective du terrain à aliéner, l'indemnité devra comprendre, en plus de ce signe matériel du consentement, une compensation suffisante des dommages subis (valeur des arbres, des cases à abandonner, etc.), par les Canaques du fait de leur déplacement.

ART. 11. — Le procès-verbal de la Commission et l'accord intervenu entre cette dernière et la tribu déplacée ou réduite, représentée par son chef, seront communiqués, pour avis, avec le dossier complet de l'affaire, à la Commission du Domaine, et de la colonisation libre instituée par arrêté local du 15 juillet 1895, puis soumis à l'approbation du gouverneur en Conseil privé [1].

____

(1) *Bulletin officiel de la Nouvelle-Calédonie*, 1897, pp. 563-564.

II

Liste des arrêtés de spoliation de janvier **1899**
à janvier **1900** incl.

d'après le *Bulletin officiel de la Nouvelle-Calédonie*, 1899 et 1900.

1. *Saraméa.*

(ARRÊTÉ DU 9 JANVIER 1899).

« Nous, Gouverneur de la Nouvelle-Calédonie et dépen-
« dances, chevalier de la Légion d'honneur, officier d'aca-
« démie,

« Vu l'arrêté du 23 novembre 1897 fixant la procédure à
« suivre pour la révision des réserves indigènes et la dépêche
« ministérielle du 29 janvier 1898 approuvant ledit arrêté ;

« Vu la décision du 22 novembre 1898 désignant une Com-
« mission à l'effet de délimiter la réserve indigène de Saraméa
« et le procès-verbal de ladite Commission du 28 du même
« mois ;

« Vu l'avis favorable émis par la Commission du Domaine
« et de la colonisation libre dans sa séance du 7 janvier 1899 ;

« Vu le décret du 10 avril 1897 sur le Domaine de l'État
« dans la colonie ;

« Vu le décret organique du 12 décembre 1874 ;

« Sur la proposition du chef du service du Domaine de l'É-
« tat ;

« Le Conseil privé entendu ;

« Avons arrêté et arrêtons :

ART. 1ᵉʳ. — « Est approuvé dans toute sa teneur le
« procès-verbal dressé par la Commission ci-dessus dési-
« gnée, le 28 novembre 1898 et qui constate :

« La cession à l'État par les indigènes de la tribu de
« Saraméa, moyennant une indemnité de 300 francs, de trois
« parcelles de terrain, situées dans le périmètre de La Foa
« et délimitées ainsi qu'il suit » : la première parcelle, d'une
contenance de 24 hectares ; la seconde d'une contenance de
16 hect., 50 ares ; la troisième d'une contenance de 44 hect.,
15 ares ; la réserve de Saraméa est réduite, par ces prélève-
ments, à 695 hectares.

ART. 3. — « Cette indemnité représente le prix entier de

« la cession et il ne pourra être rien réclamé en sus pour
« privation de récoltes, prix de plantation ou pour toute autre
« cause ».

ART. 4. — « Sont exclus de cette affectation : 1° les bois,
« forêts et les parties du domaine public telles que zône des
« pas géométriques, chemin de fer et tramways compris dans
« les périmètres délimités, ainsi que les mines et minières;
« 2° les terrains et les matériaux de toute nature, néces-
« saires à l'ouverture, la construction, la rectification, la ré-
« paration, l'entretien et l'amélioration des routes, chemins
« de fer, tramways, ponts, canaux et acqueducs [1] ».

2. *Tiéti.*

(ARRÊTÉ DU 9 JANVIER 1899).

ART. 1ᵉʳ. — « Est approuvé dans sa forme et teneur le
« procès-verbal dressé par la Commission de délimitation
« du territoire de la tribu de Tiéti, le 27 mai 1898, et cons-
« tatant la renonciation par le chef François de la parcelle
« teintée en jaune au plan ci-annexé d'une contenance, ladite
« parcelle, de 485 hectares ».

Après le prélèvement de cette superficie la réserve indigène se compose de deux parcelles : l'une de 307 hectares,
l'autre de 116 hectares.

ART. 3. — « En compensation de l'abandon ci-dessus men-
« tionné, il a été payé au chef François une indemnité de
« 200 francs et il lui a été donné un fusil Lefaucheux.»

3. *Terrains relevant des chefs Tein et François.*

(ARRÊTÉ DU 9 JANVIER 1899).

ART. 1ᵉʳ. — « Est approuvé dans toute sa teneur le pro-
« cès-verbal dressé, le 17 septembre 1898, par la Commission
« désignée aux termes de la décision précitée et ayant pour
« objet, ledit procès-verbal, de constater la cession à l'État
« moyennant une indemnité de 400 francs et deux fusils

---

(1) Le même préambule se trouvant dans tous les arrêtés, nous ne le
copierons pas dans les extraits suivants. Il en sera de même des articles
3 et 4, si quelque clause spéciale ne mérite d'y être relevée.

« système Lefaucheux, » de deux parcelles de terrain : l'une
de 287 hectares, l'autre de 101 hectares.

Art. 3. — Les indigènes « ne pourront enlever les caféiers,
« bananiers, cocotiers et tous autres arbres existants sur les
« parcelles cédées ».

4. *Houaïlou.*

(ARRÊTÉ DU 9 JANVIER 1899).

Art. 1er. — « Sont approuvés dans leur forme et teneur
« les cinq procès-verbaux dressés par la Commission préci-
« tée, les 17 et 22 novembre dernier, à l'effet de constater la
« cession à l'État des parcelles ci-dessous désignées » : la
première de 1.755 hectares, moyennant 500 fr.; la deuxième
de 77 hectares, moyennant 50 fr. ; la troisième de 76 hect.
40 ares, moyennant 50 fr.; la quatrième de 51 hect. 50 ares,
moyennant 25 fr. ; la cinquième de 5 hectares, moyennant 5 fr.

Art. 2. — « Sont également approuvés les deux procès-
« verbaux dressés par la Commission, les 18 et 22 novembre
« dernier, à l'effet de constater la renonciation par les indi-
« gènes intéressés au droit de jouissance qui leur avait été
« provisoirement laissé sur les deux terrains ci-après dési-
« gnés, non compris dans les réserves indigènes, mais sur
« partie desquels ils ont fait des installations et des cultures » :
l'un par le chef Poindo de la tribu de Néaoua de 303 hectares, moyennant 100 fr.; l'autre par le chef Boron et les an-
ciens des tribus de Couara de 2.450 hectares, moyennant
200 fr.

« Les indigènes devront s'abstenir d'entreprendre de nou-
« velles cultures ou de couper des arbres sur les terrains ci-
« dessus désignés. Ils devront également déguerpir de ces
« terrains, dès que l'ordre leur en sera donné. Si, à leur dé-
« part, des récoltes en taros ou ignames restaient à faire, ils
« auraient le droit de venir enlever lesdites récoltes à leur
« maturité ».

5. *Témala.*

(ARRÊTÉ DU 15 JUIN 1899).

Art. 1er. — « Est approuvé dans toute sa teneur le pro-
« cès-verbal dressé, le 29 juin 1898, par la Commission pré-
« citée à l'effet de constater la renonciation par les indigènes

« de la tribu de Témala à tous leurs droits de jouissance et
« autres sur un terrain d'une superficie de 446 hect.
« 32 ares, qui leur avait été affecté par arrêté du 12 septem-
« bre 1882 ».

Art. 3. — Il est accordé à titre d'indemnité : 1° une
somme de 600 francs ; 2° un sac de riz.

6. *Baco*.

(ARRÊTÉ DU 15 JUIN 1899).

Art. 1er. — « Est approuvé dans sa forme et teneur le
« procès-verbal dressé par la Commission..., le 15 avril
« 1899, à l'effet d'accepter, au nom de l'État la cession faite
« par les indigènes de la tribu de Baco, au profit de la colo-
« nisation, d'un terrain de 173 hectares. »

Art. 3. — Il leur est alloué en compensation une indem-
té de 600 francs.

7. *Pouanlot*.

(ARRÊTÉ DU 15 JUIN 1899).

Art. 1er. — « Est approuvé dans sa forme et teneur le pro-
« cès-verbal dressé, le 29 juin 1898, par la Commission...,
« affectant à la réserve indigène de Pouanlot un terrain de
« 292 hectares.

Art. 2. — « Les indigènes de Pouanlot devront abandon-
« ner dans le délai d'un mois les terrains qu'ils occuperaient
« en dehors des limites précédemment fixées. »

8. *Jacques*.

(ARRÊTÉ DU 11 NOVEMBRE 1899).

Art. 1er. — « Est approuvé dans sa forme et teneur le
« procès-verbal dressé par la Commission..., le 16 octobre
« dernier, et qui constate l'abandon au profit de l'État par le
« grand chef Païta de tous les droits revenant aux indigènes
« de la tribu de Jacques sur deux parcelles de terrain » : la
première d'une contenance de 198 hect. 66 ares ; la seconde
d'une contenance de 52 hect. 20 ares.

En échange, l'État leur accorde une parcelle de terrain

domanial de 20 hectares environ pour leur tenir lieu d'une indemnité de 200 francs qui leur avait été d'abord promise.

ART. 2. — Par suite de cet abandon la réserve indigène se trouve réduite à 480 hectares.

9. *Ouroué.*

(ARRÊTÉ DU 11 NOVEMBRE 1899).

ART. 1ᵉʳ. — « Est approuvé dans sa forme et teneur le « procès-verbal dressé par la Commission..., le 25 août der-« nier, et qui constate l'abandon au profit de l'État par le « chef Boapou de tous les droits revenant aux indigènes « sur deux parcelles de terrain » : la première d'une conte-nance de 76 hect. 65 ares; la seconde d'une contenance de 77 hect. 52 ares.

ART. 3. — « Il leur est accordé à titre d'indemnité une « somme de 250 francs. »

10. *Hennedé.*

(ARRÊTÉ DU 11 NOVEMBRE 1899).

ART. 1ᵉʳ. — « Est approuvé dans sa forme et teneur le pro-« cès-verbal dressé par la Commission.:.. le 18 octobre der-« nier, et qui constate l'abandon au profit de l'État par le « grand chef Païta » : 1° d'une parcelle de terrain de 20 hect. 58 ares ; 2° du ruisseau Ouoroouaï.

ART. 2. — Il est alloué à titre d'indemnité une somme de 150 francs.

ART. 3. — Par suite de cet abandon la réserve indigène se trouve réduite à 104 hect. 30 ares, plus la jouissance de deux parcelles de la zone maritime.

11. *Nékoué.*

(ARRÊTÉ DU 11 NOVEMBRE 1899).

ART. 1ᵉʳ. — « Est approuvé dans sa forme et teneur le « procès-verbal dressé par la Commission..., le 16 octobre « dernier, et qui constate l'abandon au profit de l'État par « les chefs Louis et Henri de la tribu de Nékoué, de tous les

« droits des indigènes sur une parcelle de terrain d'une su-
« perficie de 21 hect. 95 ares.

ART. 2. — « Un délai d'un mois est accordé aux indigènes
« pour le transfert de leurs installations et l'enlèvement de
« leurs récoltes.

ART. 3. — « Il leur est accordé, à titre d'indemnité, une
« somme de 60 francs ».

12. *Kouaoua.*

(ARRÊTÉ DU 11 NOVEMBRE 1899).

ART. 1ᵉʳ. — « Est approuvé dans sa forme et teneur le
« procès-verbal dressé par la Commission, le 22 août 1899, à
« l'effet d'accepter au nom de l'État les cessions faites par les
« indigènes de la vallée de Kouaoua, au profit de la coloni-
« sation de deux parcelles de terrain : l'une de 317 hectares ;
« l'autre de 5.900 hectares environ ».

ART. 3. — « Il leur est alloué en compensation de ces
« abandons, les indemnités suivantes : 1° au chef Cappa,
« 100 francs ; 2° au chef Pougouyeu 1.010 francs », pour être
répartis entre sept tribus.

13. *Bayes* [1].

(ARRÊTÉ DU 5 DÉCEMBRE 1899).

ART. 1ᵉʳ. — « Est approuvé dans sa forme et teneur le
« procès-verbal dressé par la Commission..., le 18 août
« 1899 ; et qui constate l'abandon au profit de l'État par les
« chefs Doui et Dongo de tous les droits des indigènes sur
« deux parcelles de terrain » : la première de 13 hect.
30 ares ; la seconde de 50 hectares environ.

ART. 3. — Il est accordé à titre d'indemnité : 1° pour la
première, 300 francs ; 2° pour la seconde, 200 francs.

14. *Naniouni et Caricaté.*

(ARRÊTÉ DU 5 DÉCEMBRE 1899).

ART. 1ᵉʳ. — « Est approuvé dans sa forme et teneur le pro-
« cès-verbal dressé par la Commission..., le 17 octobre der-

(1) Joignez pour Bayes nouvel arrêté, ci-après, n° 18.

« nier, qui constate l'abandon au profit de l'État par les chefs
« Ouiouasso et Païta de tous les droits des indigènes de Na-
« niouni et de Caricaté sur deux parcelles de terrain » : la
première de 444 hectares ; la seconde de 100 hectares.

Art. 2. — Par suite de ces abandons, les réserves indigènes, partagées en trois parcelles, sont réduites : la première
à 355 hectares ; la deuxième à 3 hectares ; la troisième à 100
hectares.

Art. 3. — Il est accordé à titre d'indemnité une somme de
300 francs.

15. *Téouandé, Kongouma, Vieux Touho, Touho* [2].

(ARRÊTÉ DU 8 DÉCEMBRE 1899).

Art. 1er. — « Sont approuvés dans leur forme et teneur
« les procès-verbaux dressés par la Commission..., les 8, 9,
« 10 et 11 novembre dernier, qui constatent l'abandon au
« profit de l'État de différentes parcelles de terrain » : 1°, à
Téouandé, 515 hectares, dont 15 en terres à culture et environ 500 en pâturages ; indemnité allouée « pour les caféiers
« et les cocotiers existant sur ce terrain », 200 francs ; 2°, à
Kongouma, 100 hectares ; indemnité allouée, 25 francs ; 3°, à
Poindjé, 75 hectares ; indemnité allouée, 350 francs ; 4°, à
Tipei, 150 hectares environ ; indemnité allouée, 50 francs ;
5° les vallées de Tiponite, Tiaoué et Teoumoin, la rive gauche
du ruisseau Tiembi, le vallon de ce nom, le littoral de Tianite
et le versant de la montagne de Patouen ; on n'indique pas la
contenance ; indemnité allouée, 500 francs « en raison des
« cocotiers et des cultures qui existent sur ces différentes
« parcelles » ; l'indemnité pour Patouen est de 150 francs.

Art. 3. — Un délai de six mois est accordé aux indigènes
« pour le transfert de leurs installations et l'enlèvement de
« leurs récoltes ».

16. *Gondé, Coula, Karagreu.*

(ARRÊTÉ DU 8 DÉCEMBRE 1899).

Art. 1er. — « Sont approuvés dans leur forme et teneur,
« les procès-verbaux dressés par la Commission, les 30 et

(1) Touho est l'une des tribus dont il a été question dans *Le Temps* du
12 mai 1901 : voyez ci-dessus, p. 1.

« 31 octobre dernier, qui décident que les réserves indigènes
« de Gondé, Coula et Karagreu seront formées désormais
« de trois parcelles situées dans le haut de la vallée de
« Houaïlou » : la première d'une contenance de 1.210 hectares; la deuxième d'une contenance de 670 hectares; la
troisième d'une contenance de 1.005 hectares.

ART. 2. — Les terrains qu'ils abandonnent sont :

1° la vallée de Gondé;

2° le village de Poiajeu;

3° les bassins de Koumendo, de Gondé et de Kouri et le
plateau boisé de Koula; « un délai de six mois est accordé aux
« indigènes pour le transfert de leurs installations et l'enlè-
« vement de leurs récoltes ».

ART. 3. — Il est accordé à titre d'indemnité une somme
de 500 francs.

17. *Tchamba.*

(ARRÊTÉ DU 8 DÉCEMBRE 1899).

ART. 1ᵉʳ. — « Est approuvé dans sa forme et teneur, le
« procès-verbal dressé par la Commission..., le 4 novembre
« dernier, qui propose le retour au Domaine, sans indemnité,
« de toute l'étendue du bassin de Yahoué, mesurant environ
« 2.000 hectares ».

La réserve indigène sera réduite, désormais, à 3.060 hectares.

18. *Bayes* [1].

(ARRÊTÉ DU 8 DÉCEMBRE 1899).

ART. 1ᵉʳ. — « Est approuvé dans sa forme et teneur le
« procès-verbal dressé par la Commission..., le 4 novembre
« dernier, qui décide que la réserve indigène de Bayes sera
« formée désormais d'un terrain d'une superficie totale de
« 2.145 hectares [2]. »

---

(1) Joignez pour Bayes, ci-dessus, n° 13.

(2) *Bulletin officiel de la Nouvelle-Calédonie*, 1899, pp. 16, 23, 30, 32,
333, 335, 337, 656, 659, 662, 665, 667, 708, 710, 717, 721, 724, 726.

19. *Indigènes Tobi, Ounine, Kéla, Amade, Koutchone, Ti, Cangelina, Teama, Jérémie, Fidéli, Hippolyte, de Bondé.*

(ARRÊTÉ DU 26 JANVIER 1900) (1).

ART. 1ᵉʳ. — «Sont approuvés... les procès-verbaux dressés « par les Commissions, les 13 août, 7, 10, 12, 14, 15, 16 et « 17 novembre et 6 décembre 1899, (sauf en ce qui concerne « la diminution de la cession de Pouébo et l'augmentation « de la réserve de Ouaïème pour lesquelles l'avis de la Com- « mission du Domaine est adopté, qui régularisent l'abandon consenti par divers indigènes de terrains dont la surface n'est pas indiquée. Les indemnités allouées sont :

1° 50 francs à l'indigène Tobi, tribu de Tiaou, vallée de Tiwaka ;

2° 100 francs à l'indigène Ounine, même tribu, même vallée;

3° 50 francs au petit chef Kela, tribu de Pombei, rive gauche de Tiwaka ;

4° 250 francs à Amade, tribu des Poyes ;

5° 850 francs au petit chef Koutchoune, vallée de Houé-Hava et vallée de Tipindjé ;

6° 400 francs au chef Ti, vallée de Tiédanite (vallée de Hienghène);

7° 75 francs au chef Cangelina, à Panié ;

8° 50 francs au chef Teama, à Tao ;

9° 4.500 francs au chef Jérémie, à Pouébo ;

10° 1.125 francs au chef Fidéli, à Arama ;

11° 300 francs au chef Hippolyte, de Bondé, pour un ter-rain, vallée du Diahot (2).

« Il est accordé à l'indigène Théophile installé sans autori- « sation sur un terrain du Domaine, situé en aval du Caillou « (vallée du Dtahot) une somme de 250 francs à titre d'in- « demnité pour caféiers plantés sur ce terrain du Domaine ».

(1) Tous les arrêtés qui suivent sont de la même date, 26 janvier 1900 : nous supprimons cette date pour éviter une répétition inutile.

(2) Ces allocations d'indemnité ne sont pas toujours répétées dans ceux des arrêtés ci-après qui se réfèrent aux mêmes révisions de réserves : voyez nᵒˢ 42, 56, 58. Dans le résumé de tous ces arrêtés nous relevons avec soin l'indemnité chaque fois qu'elle apparaît. Voyez la note sui-vante.

20. *Ile Ouen et de Goro.*

ART. 1ᵉʳ. — « Est approuvé dans sa forme et teneur le
« procès-verbal dressé par la Commission ci-dessus désignée,
« le 24 janvier courant, et qui constate que les réserves indi-
« gènes de l'île Ouen et de Goro... seront désormais délimitées
« ainsi qu'il suit[1] » : ... On laisse : à l'île Ouen : douze parcelles d'une surface totale de 153 hect. 52 ares; à la réserve
de Goro : deux parcelles : l'une de 141 hect. 66 ares; l'autre
de 34 hect. 80 ares.

ART. 2. — « La propriété des bois et forêts, des mines, des
« rivières et cours d'eau compris dans les limites desdites ré-
« serves indigènes est formellement réservée au profit de
« l'État ».

ART. 3. « L'État ou la colonie auront le droit d'occuper ou
« de reprendre sans indemnité les terrains nécessaires pour...
« routes, chemins de fer » etc. [2].

21. *Yaté-Ounia.*

Révision des réserves : on laisse 238 hect. 70 ares.

22. *Brindi.*

Révision : on laisse 162 hectares en deux parcelles.

23. *Port-Bouquet.*

Révision : on laisse 164 hectares.

24. *San-Philippo.*

Révision : on laisse 155 hect. 52 ares.

(1) Dans cet arrêté et dans les suivants on ne mesure pas la contenance
enlevée aux tribus; on parle seulement de révision et on se contente de
mesurer (du moins, presque toujours) la partie laissée aux indigènes. De
ce que la surface enlevée n'est pas mentionnée, il ne faut pas conclure
qu'elle soit insignifiante : car l'une de ces révisions, muette sur la surface
enlevée, donne lieu, d'après l'un des arrêtés, à la plus forte de toutes les
indemnités (4.500 francs au chef Jérémie, à Pouébo); il est vrai que le
second arrêté relatif à la même affaire ne souffle mot d'indemnité. Une
autre indemnité, toujours pour une surface non indiquée, est de 1.125 francs
au chef Fidéli, à Arama ; le second arrêté, toujours relatif à la même
affaire, ne souffle non plus mot d'indemnité (comparez les nᵒˢ 19. 56 et 58).
Ce désaccord entre des arrêtés datés du même jour est bien fâcheux. La
plupart du temps on n'arrive à entrevoir aucune mention d'indemnité dans
le bloc des arrêtés de révision, datés du 26 janvier 1900.

(2) Pour abréger nous supprimons désormais la formule de l'art. 1ᵉʳ,
ainsi que les art. 2 et 3 ; nous résumons simplement l'arrêté.

25. *Saint-Michel.*

Révision : on laisse 127 hect. 50 ares.

26. *Saint-Pierre près de Thio.*

Révision : on laisse 203 hect. 90 ares.

27. *Ouroué près de Thio.*

Révision : on laisse 4 hectares.

28. *Dothio.*

Révision : on laisse 114 hectares.

29. *Mouangui.*

Révision : on laisse 2.500 hectares

30. *Ouipoin.*

Révision : on laisse 1.067 hectares.

30. *Kouaoua (Faja, Méa et Méchin).*

Révision : on laisse à trois groupes des parcelles de 536 hectares ; 6 hect. 10 ares ; 1.230 hectares.

31. *Koua et Néoua.*

Révision : on laisse : 1.050 hectares ; 120 hectares.

32. *Kamoui et Néaoua*

Révision : on laisse : 1.427 hect. 70 ares ; 251 hect. 50 ares.

33. *Vallée de Honaïlou.*

Révision : on laisse à diverses localités : 46 hect. 50 ares ; 448 hectares ; 787 hectares en deux parcelles ; 280 hectares en deux parcelles ; 2.748 hectares en deux parcelles ; 674 hectares en deux parcelles.

34. *Néavin et Monéo.*

Révision : on laisse 412 hect. 38 ares ; 57 hectares ; 29 hectares ; 1.000 hectares.

35. *Mou.*

Révision : on laisse en deux parcelles : 504 hect. 44 ares ; 447 hect. 44 ares.

36. *Ponérihouen.*

Révision : on laisse 109 hect. 50 ares.

37. *Nohéa.*

Révision : on laisse 625 hectares.

38. *Poindo et Gorou.*

Révision : on laisse : 2.150 hectares ; 960 hectares.

39. *Ina.*

Révision : on laisse, en deux parcelles, 690 hect. 30 ares.

40. *Tié.*

Révision : on laisse 360 hectares.

41. *Wagap.*

Révision : on laisse 716 hectares.

42. *Tiaou-Pombeï et Bopope.*

Révision : on laisse 2.960 hectares.

43. *Bobéitio.*

Révision : on laisse 1.370 hectares.

44. *Kokingone et Ponandou.*

Révision : on laisse à Kokingone, en deux parcelles, 705 hectares ; à Ponanton 163 hectares. Indemnité : 200 francs.

45. *Les Poyes.*

Révision : on laisse 2.500 hectares ; on prend « 500 hectares environ ». Indemnité : 250 francs [1].

(1) Cette tribu des Poyes est celle qui s'est réfugiée dans une forêt, ne pouvant payer l'impôt, et dont nous avons brûlé le village et saccagé les récoltes : on lui avait alloué comme on le voit, une indemnité de

Délai de six mois pour le transfert des installations et l'enlèvement des récoltes.

46. *Houé-Hava et Tipindjé.*

Révision : abandon de 1.000 hectares environ, indemnité 850 francs.
On laisse 1.057 hect. 30 ares.

47. *Pamalé.*

Révision : on laisse 1.786 hectares.

48. *Ounahou, Ouenoth, Tiédanite.*

Révision : on laisse en tout 1.715 hect. 40 ares.

49. *Ouaré et Houada.*

Révision : on laisse à Ouaré 198 hectares; à Houada (ou Houenda) un terrain dont on ne donne pas la contenance.

50. *N'Ganenne, Kaouam et Tendou.*

Révision : on laisse 633 hect. 90 ares.

51. *Ouenghi.*

Révision : on laisse 261 hectares.

52. *Ouaïème.*

Révision : on laisse 475 hectares.

53. *Coulna.*

Révision : on laisse 448 hectares.

Panié.

Révision. Abandon de 100 hectares environ; délai de six mois pour le transfert des installations et l'enlèvement des récoltes. Indemnité : 75 francs.
On laisse : 406 hectares environ.

250 francs, soit 0 fr. 50 par hectare. Percevoir 10 francs de capitation, c'était demander à chaque habitant adulte la valeur officielle de 20 hectares de terre. Percevoir 20 francs, c'était prendre à chaque adulte mâle la valeur officielle de 40 hectares de terre.

55. *Tao.*

Révision : on laisse 226 hectares environ. « Pour le prin-
« cipe il est accordé une indemnité de 50 francs aux indi-
« gènes ».

56. *Pouébo.*

Révision : on laisse 1.932 hectares.

57. *Balade.*

Révision : on laisse 868 hectares.

58. *Arama.*

Révision : on laisse 2.723 hectares.

59. *Bondé, Saint-Ferdinand, Balangame, Tandé.*

Révision : on laisse 3.194 hect. 65 ares.

60. *Les Nénémas, Koumac, Katumbé, Néhoué.*

Révision : la presqu'île de Bouaroa est distraite des réserves attribuées par arrêté du 12 septembre 1882 à la tribu
des Nénémas et fait retour au domaine de l'État. La réserve
de la presqu'île de Poum, habitée par des indigènes de la même
tribu, est réduite en Tibj à une surface qui n'est pas métrée
dans l'arrêté, en Poum à une surface qui n'est pas non plus
métrée : la fraction de Katumbé de 62 hectares et celle de
Néhoué de 750 hectares, affectées par arrêté du 12 septembre 1882 à la tribu de Koumac, sont supprimées et font retour
au domaine de l'État.

61. *Témala.*

Révision : on laisse 1.345 hectares.

62. *Ouango-Bouépaï.*

Révision : on laisse 2.240 hectares.

63. *Tiéta.*

Révision : on laisse 1.230 hectares.

64. *Gatope.*

Révision : on laisse 182 hectares, 70 ares, en trois parcelles.

65. *Ouindjo.*

Révision : on laisse 354 hectares.

66. *Goyéta-Pana, Tiaoué et Koniambo.*

Révision : on laisse 3.150 hectares en trois parcelles.

67. *Les Oumas, Noéli et Kovéi.*

Révision : on laisse 4.424 hectares en trois parcelles.

68. *Baco.*

Révision : on laisse 111 hectares en deux parcelles.

69. *Ouaté.*

Révision : on laisse 470 hectares.

70. *Nétéa, Montfaoué et Ouindji.*

Révision : on laisse 2.173 hectares en trois parcelles.

71. *Ni.*

Révision : on laisse 3.460 hectares.

72. *Oua-Oué.*

Révision : on laisse 783 hectares.

73. *Moméa et Quélé.*

Révision : on laisse 384 hect. 70 ares.

74. *Ouinané.*

Révision : on laisse 292 hect. 91 ares [1].

. (1) *Bulletin officiel de la Nouvelle-Calédonie*, 1900, p. 96-223.

COMITÉ
DE
PROTECTION
ET DE DÉFENSE
DES INDIGÈNES

III

Lettre au Ministre des Colonies contre le projet d'impôt de capitation.

Paris, le 20 août 1900.

MONSIEUR LE MINISTRE,

Le *Comité de protection et de défense des Indigènes* vient d'apprendre avec autant de peine que d'étonnement que l'impôt de capitation sur les seuls indigènes de la Nouvelle-Calédonie, impôt que vous avez considéré avec nous comme illégal et comme inique, et que vous avez interdit pour le budget de 1900 (dépêche ministérielle du 25 septembre 1899 et lettre au Comité du 14 novembre) vient encore d'être rétabli par décision du Conseil général de la Nouvelle-Calédonie, en date du 22 mai 1900. Sans doute, cette délibération réduit la capitation de 15 francs à 10 francs; mais, au fond, elle n'est autre chose que la confirmation d'un principe budgétaire et fiscal, condamné par vous.

La délibération du Conseil général est conçue en des termes qui nous autorisent malheureusement, Monsieur le Ministre, à supposer que M. le gouverneur de la colonie et le Conseil général n'ont point agi cette fois sans votre assentiment et que vous vous proposeriez de rapporter le décret de 1895 qui autorise l'impôt de capitation, mais l'autorise sur tous les habitants de la Nouvelle-Calédonie sans distinction et non sur les seuls Canaques. Ce système de capitation générale a échoué et personne ne songe à le restaurer. Il s'agit aujourd'hui d'un impôt frappant exclusivement les indigènes. Si le décret de 1895 venait à être rapporté, cet impôt deviendrait légal sans doute : il ne serait pour cela ni moins inique, ni moins dangereux.

Permettez-nous, Monsieur le Ministre, de vous dire comment cette taxe de capitation serait, en effet, écrasante pour les indigènes et, par suite, dangereuse pour la colonie tout entière.

A l'heure actuelle, les Canaques acquittent les mêmes impôts indirects que les Européens. Ils contribuent notamment pour des sommes importantes. à l'impôt sur le tabac de commerce, à l'impôt de 0,03 par litre et par degré d'alcool, de 17 francs par barrique de vin, etc.

Le seul impôt qui, en apparence, ne pèse pas sur les Canaques est l'impôt foncier. Mais, si on y regarde de près, on constate bien vite qu'en réalité, depuis l'occupation française, les indigènes ont payé le plus lourd de tous les impôts fonciers. En effet, c'est la terre elle-même, c'est la source de l'impôt qu'ils ont dû abandonner à l'Administration. Celle-ci leur a arraché morceau par morceau leurs meilleures terres. Et c'est sur cette population dépossédée et pauvre, que des spoliations monstrueuses ont poussée à la grande révolte de 1878, ainsi qu'en fait foi une publication officielle [1] ; c'est sur cette population infortunée que des spoliations nouvelles toutes récentes ont réduite au désespoir, qu'on prétend aujourd'hui faire peser d'une manière exclusive un impôt de capitation énorme de 10 francs par tête d'adulte.

Si, en dépit des considérations fondamentales qui devraient faire exempter de l'impôt foncier une population à laquelle on a enlevé la base même de cet impôt, on veut absolument frapper les lambeaux de terre qui lui restent, on devra alors, soit établir sur ces débris de propriété un impôt foncier égal à celui qu'acquitte la population européenne, soit introduire un impôt équivalent. Or, la capitation projetée de 10 francs par tête constitue un impôt pour le moins *quatre fois* plus lourd ; en bien des cas, *huit fois* plus lourd que l'impôt foncier payé par les blancs ou par tous autres propriétaires que les indigènes : c'est ce qui résulte invinciblement des rapprochements suivants.

D'après l'avertissement ci-joint, l'hectare de terre en Nouvelle-Calédonie est évalué par le fisc à 20 francs. L'impôt foncier est de 3/4 de franc pour cent, plus 5 centimes additionnels par franc. Examinons maintenant la situation d'une famille indigène constituée de la façon la plus favorable au

---

(1) « Une insurrection indigène, amenée en grande partie par les dé-
« prédations continuelles du bétail des éleveurs dans les plantations, par
« la distribution souvent inconsidérée de grandes étendues de terre prises
« aux naturels sans compensation d'aucune sorte, par des violations de sé-
« pulture, par des vexations dont les indigènes ne peuvent obtenir justice,
« éclata, le 25 juin 1878 » (*Exposition coloniale de 1889. Les colonies françaises, Notices publiées par ordre du sous-secrétaire d'État, IV, Colonies et Protectorats de l'Océan Pacifique*, Paris, 1889, p. 113).

point de vue des charges fiscales : le père de famille, la mère et trois enfants tout jeunes. Aux termes du décret qui régit la propriété indigène, ces cinq personnes ont droit à la jouissance de quinze hectares (trois hectares par tête). Or le père aura à payer, pour la capitation qu'on prétend être équivalent de l'impôt foncier, une taxe de 10 francs.................

Si, au lieu d'appartenir à la race autochtone, cet homme était étranger au pays, et si, au lieu d'être noir, il était blanc ou jaune, il payerait pour ses quinze hectares :

$$\frac{20 \times 15 \times 0,75}{100} = 2^f\ 25$$

$$+\ 5\ \text{centimes additionnels.} \ .\ .\quad \text{»}\quad 13$$

$$\text{Total.}\ .\ .\quad 2^f\ 38$$

2 fr. 38 au lieu de 10 francs, soit *quatre fois* moins.

Si la famille se compose d'un père, veuf, d'un fils marié, père lui-même de trois enfants, cette famille paiera deux taxes de capitation, soit 20 francs au lieu de 2 fr. 38 d'impôt foncier : plus de *huit fois* la somme payée par le propriétaire étranger au pays.

Une famille composée d'un père veuf et de quatre fils majeurs paiera 50 francs, au lieu de 2 fr. 38 !

Tous les indigènes devront ce multiple de l'impôt foncier, soit qu'il leur reste un lambeau des terres de leurs aïeux, soit qu'entièrement dépouillés, ils soient réduits à être ouvriers ou gagistes.

Peut-être même ces ouvriers ou gagistes seraient-ils les moins cruellement traités, car, si l'impôt en argent constitue un prélèvement sur leurs gages tout à fait disproportionné, eux, du moins, peuvent avoir quelque monnaie ou essayer de payer, tandis que le Canaque vivant sur les terres qu'on lui a laissées se trouve souvent tout à la fois sans argent et sans coprah (noix de coco desséchée), avec quoi il se puisse faire de l'argent. Sans doute, les règlements disent que l'indigène ainsi dépourvu pourra se racheter par des prestations ; mais jamais ce règlement n'a été exécuté, car c'est de l'argent qu'il faut à l'Administration, et, tout récemment encore, certaines tribus manquant absolument d'argent pour payer l'impôt de capitation illégalement établi, on n'a pas songé au paiement par voie de prestation, on a jeté tout simplement les chefs en prison.

Nous appellerons, en finissant, votre attention sur la rédaction qui, d'après le journal *La Calédonie* du 23 mai 1900, aurait été adoptée par le Conseil général au sujet de l'impôt contre lequel nous nous élevons.

Voici cette rédaction :

« Tout indigène adulte sera astreint à payer un impôt de « capitation annuelle de 10 francs [1] ».

. . . .

Adulte : mais à quel âge est-on considéré comme adulte? Il faudrait le dire. Et, après qu'on l'aurait dit, il faudrait ajouter que tout adulte n'est cependant pas soumis à la capitation : un vieillard, un infirme, est un adulte. — Cette rédaction prête à tous les abus.

Nous n'insisterons pas davantage, Monsieur le Ministre. Nous pensons avoir suffisamment démontré le caractère profondément inique de l'impôt de capitation en Nouvelle-Calédonie. Nous en avons par là même démontré tout le danger. Voudrait-on acculer une seconde fois les malheureux indigènes à des actes de colère et de désespoir furieux, comme on l'a fait en 1878?

Nous protestions, il y a six mois, contre la conduite des gouvernements européens en Chine et nous prévoyions les malheurs qui sont arrivés. Des Français qui s'occupent des affaires de Chine, non au point de vue de la justice et de l'humanité, mais au point de vue industriel et commercial, nous adressèrent alors de chaleureuses félicitations. Dieu veuille que, dans d'autres pays que la Chine, une conduite analogue n'attire pas sur les colonisateurs des représailles aussi cruelles! Dieu veuille qu'en Nouvelle-Calédonie notamment, nous ne voyions pas le renouvellement des scènes épouvantables de 1878!

Vous pouvez aujourd'hui, Monsieur le Ministre, écarter cette éventualité. Il vous appartient, il appartient à vous seul de rendre pareils malheurs impossibles.

Veuillez agréer, Monsieur le Ministre, nos hommages respectueux.

---

(1) Le texte officiel, connu depuis, est : « Tout indigène du sexe masculin « adulte...paiera un impôt de capitation annuel dont le *maximum* est fixé à « 10 francs ». Il suffit de comparer les délibérations du Conseil général de la Nouvelle-Calédonie du 30 novembre 1898 et du 22 mai 1900 pour constater que ce vague de la rédaction est voulu.

Nouët, gouverneur honoraire des colonies (1); Le Hénaff; E. Lelong, avocat à la Cour d'appel d'Angers; A. Rieffel; Armand Brette; A. Thomas, professeur adjoint à l'Université de Paris; G. Moch; Abel Lefranc; contre-amiral Réveillère; Paul Viollet, membre de l'Institut, président du Comité; M. Leroy-Dupré; H. Laroche, ancien officier de marine; Maurice Watel, ingénieur agronome; Ch. Gide, professeur à l'Université de Montpellier, chargé de cours à la Faculté de droit de Paris; Pichot; G. Auvard, ancien officier; Ch. Kohler, archiviste paléographe; Dr Georges Hervé, professeur à l'École d'anthropologie, ancien président de la Société d'anthropologie de Paris; abbé Lemire, député du Nord; Fernand Bournon, archiviste paléographe; Bémont, directeur adjoint à l'École pratique des Hautes Études (section d'histoire et de philologie); Hervé de Saisy, membre du Sénat; Ferdinand Lot, maître de conférences à l'École des Hautes Études; A. Molinier, professeur à l'École des Chartes; Édouard Viollet, avocat à la Cour d'appel de Paris; Barbé, ex-conseiller de cour d'appel, ci-devant magistrat à Nouméa.

Cette lettre a été inutile. Un décret du 22 novembre 1900 a autorisé l'établissement d'un impôt de capitation annuel, de 10 francs (*Journal officiel* du 24 novembre 1900, p. 7785).

IV

COMITÉ
DE
PROTECTION
ET DE DÉFENSE
DES INDIGÈNES

Lettre au Ministre des Colonies, au sujet de l'impôt de capitation et des spoliations en Nouvelle-Calédonie.

Paris, le 5 déc. 1900.

Monsieur le Ministre,

Le *Comité de protection et de défense des Indigènes* a eu l'honneur de vous adresser, le 20 août dernier, une lettre, où il établissait d'une manière irréfutable que l'impôt de capitation de 10 francs qu'on propose d'établir en Nouvelle-Calédonie sur les seuls Canaques constituerait pour ces malheureux indigènes, déjà spoliés et dépouillés par d'autres voies, une charge pour le moins quatre fois, souvent huit ou dix fois plus lourde que l'impôt foncier des blancs.

Le Comité concluait en ces termes :

« Voudrait-on acculer une seconde fois les malheureux
« indigènes à des actes de colère et de désespoir furieux
« comme on l'a fait en 1878?... Dieu veuille que nous ne
« voyions pas le renouvellement de ces scènes épouvanta-

(1) M. Nouët est ancien gouverneur de la Nouvelle-Calédonie.

« bles! Vous pouvez aujourd'hui, Monsieur le Ministre, écarter
« cette éventualité. »

. . . .

Vous ignorez sans doute, Monsieur le Ministre, car vous
les auriez depuis longtemps annulés si vous les connaissiez;
vous ignorez les actes répétés de spoliation, les arrêtés dé-
sastreux qui, dans le cours de l'année 1899, ont dépossédé en
pleine paix les malheureux indigènes auxquels on veut par
surcroît imposer cette charge nouvelle de la capitation.

Pâturages, terres cultivées et garnies d'installations, terres
plantées de cocotiers, de caféiers et autres arbres, voilà ce
qu'on enlève d'un trait de plume aux prix de 0 fr. 25, 0 fr. 33,
0 fr. 50, 0 fr. 65, 1 franc; très rarement à un prix voisin de
4 francs l'hectare, aux tribus de Tipopendou, de Nanioumi et
Caricaté, de Téouandé, de Kongouma, de Poindjé, de Tipéi,
de Tiponite, de Tiaoué, de Saraméa, de Qouaïlou, de Tiéti, etc.;
on enlève à certaines tribus plus de la moitié de leur territoire.
Nous ne relevons même pas les « retours au Domaine »
sans nulle indemnité, de terres qu'on déclare inoccupées
(*Bulletin officiel de la Nouvelle-Calédonie*, 1899, pp. 23-25;
26-29; 30-37; 709-713; 717-719, 724).

4 francs l'hectare! Et le gouvernement calédonien garan-
tit, d'autre part, à chaque Canaque 3 hectares de terre! D'où
il suit qu'en imposant tout adulte mâle à 10 francs de capitation annuelle, on lui prendrait chaque année la valeur de
sa part presque entière, estimée au prix très rarement atteint
de 4 francs; on lui prendrait près de deux fois la valeur de
sa terre, estimée au prix de 2 francs l'hectare.

Non! Monsieur le Ministre, vous aurez pitié de ces sujets
de la France, de ces hommes qui légalement sont français,
et auxquels l'Administration, depuis cinquante ans, ne reconnaît pas même le droit de propriété; vous ne les laisserez
pas acculer, pour le malheur de la colonie, au plus cruel désespoir. Nous avons la confiance que l'iniquité projetée ne se
consommera pas; que le mal déjà fait sera réparé par vos
ordres, car il peut l'être.

Veuillez agréer, Monsieur le Ministre, nos hommages très
respectueux.

Pour le Comité :

Paul Viollet, membre de l'Institut; Contre-amiral Réveillère; Antoine
  Thomas, professeur à la Faculté des lettres; Charles Bémont, directeur

adjoint à l'École pratique des Hautes Études ; Ch. Gide, professeur à l'Université ; Édouard Viollet, avocat à la Cour d'appel ; Auguste Molinier, professeur à l'École nationale des Chartes ; Ferdinand Lot, maître de conférences à l'École des Hautes Études ; Abel Lefranc ; Ch. Kohler, archiviste paléographe ; Eugène Lelong, avocat à la Cour d'appel d'Angers ; Nouët, gouverneur honoraire des colonies.

V

Lettre d'un colon exposant la situation.

Nouméa, le 22 janvier 1901.

A Monsieur P. Viollet,
Membre de l'Institut de France.

Monsieur,

J'aurais eu bien souvent à vous écrire dans l'intérêt de nos indigènes, depuis les quelques mois auxquels remontent nos dernières correspondances, et je l'aurais fait, si je n'avais craint de vous importuner. Mais voici une nouvelle campagne que je ne puis vraiment me dispenser de signaler à votre bienveillante attention et à la sollicitude du Comité.

Ci-joint, ou plutôt par pli séparé, un envoi d'imprimés : vous recevrez deux journaux, l'un officiel, l'autre point ; mais, ce dernier donnant le texte d'une lettre des plus intéressantes au point de vue de ce qui se passe en Nouvelle-Calédonie pour le travail exigé des Canaques.

Au journal officiel, vous trouverez une circulaire de notre gouverneur intérimaire, qui, en très belles phrases, ne tend à rien moins qu'à nous ramener au beau temps de l'esclavage. — Il faut voir comment en pratique, les règles tracées dans cette circulaire sont appliquées. — C'est l'indigène mis au travail forcé chez le colon. — Notez que parfois on va même jusqu'à l'obliger à aller récolter *pour le colon* sur les cocotiers et les caféiers qu'il a plantés et qu'on lui a volés en le dépossédant de sa terre.

Pour ce qui est de l'impôt de capitation dont il est parlé dans cette même circulaire, il faut remarquer que le Canaque doit à l'heure actuelle deux années de cet impôt : l'année 1900, dont le recouvrement a été retardé jusqu'à décision du Conseil d'État ; l'année 1901, qui vient de s'ouvrir. — Et le

Canaque est tenu de payer ou de subir les rigueurs administratives, — sans se plaindre !

L'autre journal vous montrera comment les colons, même riches, puissants, entrepreneurs de travaux publics en même temps que conseillers généraux gouvernementaux, en agissent avec les indigènes.

Travaillez, dit le gouverneur aux indigènes, et vous gagnerez de quoi payer l'impôt.

Mais, l'employeur, même opulent, fait dépenser aux Canaques dans son store, tous les salaires et plus encore, — lorsque même il daigne se préoccuper de ce qu'il a à leur compter.

Voilà ce qui se passe en Nouvelle-Calédonie.

La France, la bonne et généreuse France, la vraie France en un mot, peut-elle admettre l'asservissement poussé à cette extrême limite ?

Les colons justes, bons, bienveillants avec le Canaque n'ont jamais eu à attendre son concours.

Les exploiteurs seuls ont à récriminer et cela se comprend.

. . . .

C'est l'arbitraire, — c'est la tyrannie, — c'est l'esclavage.

Demander, même à un Canaque, d'aller récolter pour un autre sur les arbres qu'il a plantés, dans un terrain qu'on lui a volé, est un des combles de la férocité en laquelle peut se porter le conquérant le plus barbare.

Si vous pouvez quelque chose pour nos malheureux, agissez ; ils sont vraiment dignes de pitié.

Veuillez agréer, Monsieur, l'assurance de mes sentiments bien dévoués.

BAR-LE-DUC. — IMPRIMERIE CONTANT-LAGUERRE.